« On n'apprend pas à être sage,
on le devient. »
Adage indien célèbre

Je deviens la sagesse.

Vous êtes fait pour nouer des liens.

Quand
je me surprends
à détourner le regard
d'une personne,
je me souviens
de la regarder dans
les yeux.

Détachez-vous des influences négatives.

Je reste calme face au stress.

*Attendez-vous toujours
à ce qu'il y a de mieux.
Ne lâchez jamais prise dans
le but d'obtenir quelque chose
de bien. Faites-le seulement
pour que ce qu'il y a de meilleur
en vous, c'est-à-dire votre âme,
puisse fusionner avec vous.*

J'ouvre la porte qui donne sur une nouvelle réalité. J'y découvre un immense panorama empli de lumière et s'étendant à l'infini dans toutes les directions.

Si vous êtes complètement ouvert,
si votre conscience est alerte et élargie,
si votre mental est libéré
des conditionnements passés, l'instant
présent vous semble magique. En réalité,
cette magie vient de vous.

Je suis à l'origine de la magie dans ma vie.

Une fois que vous aurez pris conscience
du rôle central que vous jouez dans
la création de votre vie, chaque journée
sera pour vous un nouveau monde
à explorer. Le renouveau est naturel
et spontané.

C'est moi qui crée et vis ma réalité.
Je m'accepte continuellement tel que je suis.

Dans le silence, je m'abreuve
à la source infinie et éternelle.

L'infini part dans toutes les directions et vous êtes en son centre.

J'accueille chaque journée tel un nouveau monde à explorer.

Laissez l'intemporel se charger du temporel.

Je peux arrêter le temps quand je reçois
plus d'énergie que j'en donne.

La vie est le fruit
d'une manipulation du temps
et de l'énergie par l'Univers.

*Aujourd'hui, j'accorde
à mes proches toute mon
attention et autant de
temps qu'ils le souhaitent.*

*Vous êtes fait
pour donner.*

J'ai des désirs spécifiques et je sais que je vais obtenir des résultats.

Allez en vous et faites connaître votre intention.

Vous êtes fait pour vivre avec les autres.

J'apprécie tout le monde. J'ignore les tensions et je me montre bienveillant à l'égard de celui qui m'a ignoré.

Je passe cinq minutes à réfléchir aux plus belles qualités d'une personne que je n'aime vraiment pas.

Vous êtes fait pour vivre dans l'acceptation.

J'accueille dans ma vie un nombre infini de découvertes et de prises de conscience sur mon chemin personnel. Mon évolution est sans fin.

Réinventer son corps
et ressusciter son âme
est un processus.

Je ne contrôle pas mon mental,
mais je l'observe, ainsi que mes pensées.

Quand vous êtes tenté de contrôler votre mental, prenez du recul et acceptez que la tâche puisse être impossible. Même le mental le plus discipliné est capable de briser ses chaînes.

J'exerce une influence paisible.

Pardonnez à ceux qui vous offensent ou qui vous font du tort.

Je passe une demi-heure
dans un endroit paisible à ne rien faire,
hormis ressentir ce que cela fait d'exister.

Vous êtes fait pour être.

Je ressens
l'extase dans
mon corps
et dans mon âme.

Il n'y a aucune raison de priver votre corps de l'amour, de la beauté, de la créativité et de l'inspiration.

Votre corps a besoin que vous maîtrisiez le fonctionnement de la conscience.

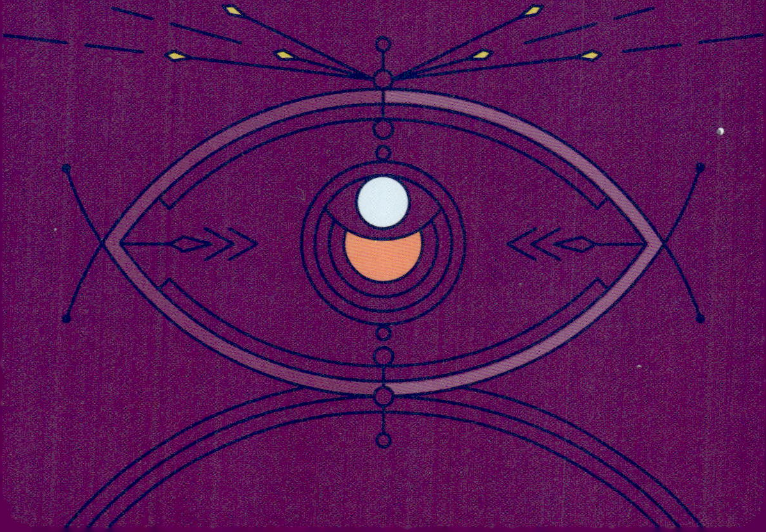

Mon état d'esprit donne la direction à suivre à mes milliers de milliards de cellules.

Je reconnais et j'écoute mon aspiration.

Les êtres humains ne pourront jamais se satisfaire d'un épanouissement limité. Nous sommes faits pour la transcendance.

À chaque nouvelle étape que je franchis,
mon corps me suit.

Vous découvrez constamment des territoires inconnus de l'âme.

Le moment présent est le seul espace dans lequel le renouveau est possible.

Je suis ici et maintenant.

Je ne me juge pas en fonction de critères extérieurs. J'accueille l'abondance et la prospérité dans ma vie.

Détournez-vous de la voie des désirs orientés vers les choses matérielles et redirigez-les vers un objectif supérieur.

Je suis ici pour servir. Je suis ici pour inspirer. Je suis ici pour aimer. Je suis ici pour incarner ma vérité.

Vous êtes destiné à vivre
un but supérieur.

En ce moment même, l'Univers écoute à travers vos oreilles, voit à travers vos yeux et expérimente à travers votre cerveau. Le but de votre vie est de permettre à l'Univers d'évoluer.

Mon corps est illimité.
Il canalise l'énergie, la créativité
et l'intelligence de tout l'Univers.

Je suis calme. Je suis silencieux.
Je suis vivant et je vais bien.

La méditation permet à votre cerveau d'être moins actif et avec de la régularité, il s'adapte à ce calme et à ce silence.

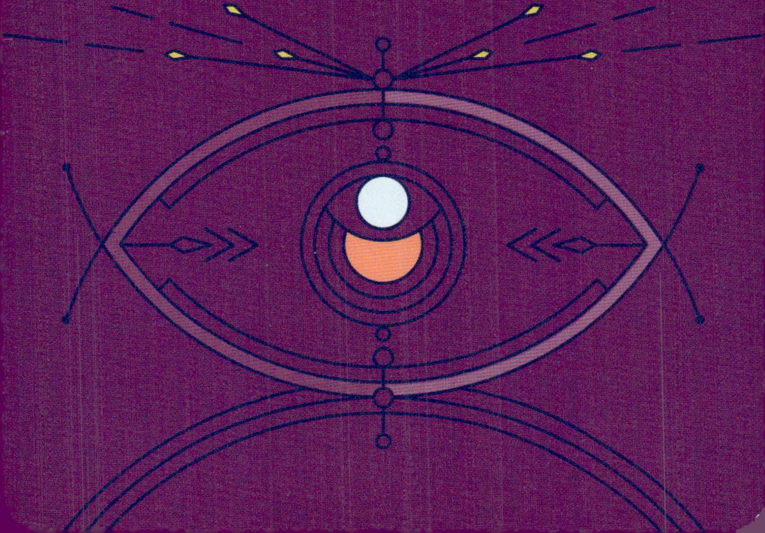

Mon corps est à la jonction entre les mondes visible et invisible.

Cessez de vous attacher à l'idée que votre corps est une chose.

Je vis comme si j'avais
tout mon temps.

La maîtrise du temps
est inscrite en vous.

J'ai une vision élargie du monde.

Vous pouvez vous recentrer à volonté.

Quand vous donnez, la source de la vie ne tarit jamais. La complétude peut se permettre d'être généreuse. Elle n'éprouve aucun manque.

Plus je donne, plus je reçois.

Je m'ouvre à une vie d'aventure
et d'exploration. Je mène une vie
de découvertes et de transformations
personnelles.

Votre âme est dynamique.
Votre âme est créative.

Ne résistez pas au changement.

Mon corps évolue naturellement.
Je maîtrise le changement que je désire.

Votre âme est un réservoir
contenant une énergie,
une créativité et une intelligence
infinies. Il ne peut se vider.

Mon potentiel est infini.

Vous pouvez transcender
les perturbations extérieures
et en être préservé.

Je demeure intérieurement dans un espace de paix et de silence imperturbables.

Le fruit de l'abandon de soi
est la grâce et la patience.

Je suis la grâce. Je suis centré. J'ai l'esprit clair.
Je m'attends à ce qu'il y a de mieux.

En chacun se trouve un espace intime, vivant et plein d'aspirations. Pour réaliser vos désirs, vous devez aimer ce que vous souhaitez.

J'avance sur mon chemin spirituel quand je m'aime et quand j'écoute les désirs de mon cœur.

Je passe dix minutes à observer plutôt qu'à parler. Je m'assois seul, au calme, et j'écoute les sensations de mon corps.

Vous êtes destiné
à être conscient.

Je suis en sécurité. Je suis protégé.
Je dis non à la peur.

*Les phobies vous privent
de votre liberté d'évaluer
le danger de manière réaliste ;
la peur possède un pouvoir
absolu, celui du non.
Pour dépasser une phobie,
vous devez percer son jeu.*

Votre corps, dans son ensemble,
est un outil holistique
et dynamique qui soutient le vivant.

Je suis aux commandes de ma vie.

Je suis spontané.
Je suis joyeux.

Accueillez une vie pleine de révélations
et d'explorations émotionnelles.

Je suis illimité.

Qui se ressemble s'assemble.
L'amour éveille l'âme.

Je suis ouvert. Je me laisse porter.
Je suis léger.

Quand vous vous laissez porter,
vous éprouvez un sentiment de légèreté,
d'ouverture et de fraîcheur.
Ces sensations repoussent avec douceur
la négativité et la résistance.

J'incarne
l'amour parfait.
J'attire d'autres
personnes,
d'âme à âme.

Vous pouvez trouver l'amour parfait en le découvrant d'abord en vous-même.

*Je suis en sécurité car je n'ai rien
à craindre en moi.*

Considérez que l'abondance
est naturelle dans la vie.
*Si vous croyez en la rareté,
vous ne pouvez que vivre
dans la peur.*

Votre corps a une incroyable capacité à se régénérer.

Je suis à l'aise dans mon corps.
Il est mon refuge, mon réconfort.

Sur mon chemin, je franchis chaque étape
sans idée reçue.

C'est à vous qu'il appartient
de résoudre le mystère de la vie.

Votre corps reflète toujours votre conscience.

En mon centre se trouve ma conscience.

Le meilleur moyen d'atteindre un âge vénérable en gardant la forme est de faire preuve de résilience émotionnelle, c'est-à-dire être capable de rebondir après les déconvenues.

Je suis souple dans mon corps et dans mon mental.
J'incarne une énergie saine et positive.

Plus vous vous ouvrez à la joie,
moins vous avez besoin de vous limiter.

Donner est plus important que gagner.

Vous êtes fait pour l'immortalité.

J'écris cinq choses dont je veux qu'on se souvienne au sujet de ma vie.

Je suis lucide. Je suis conscient.
Je me laisse porter comme si j'étais dans l'eau.

La conscience, tout comme l'eau,
est faite pour s'écouler librement,
sans entrave.

Je regarde le monde
avec discernement et paix.

Quand vous renoncez au concept d'« âme individuelle », vous pouvez vivre un changement illimité.

Votre corps est un exemple évident de l'abondance de la nature. Elle s'occupe de vos milliers de milliards de cellules.

Mon corps est plein d'énergie.
Je vis dans l'abondance.
L'Univers subvient à mes besoins.

Mon cerveau est un moteur d'évolution.

Le cerveau s'adapte, il est capable de créer de nouvelles connexions, même chez les personnes très âgées.

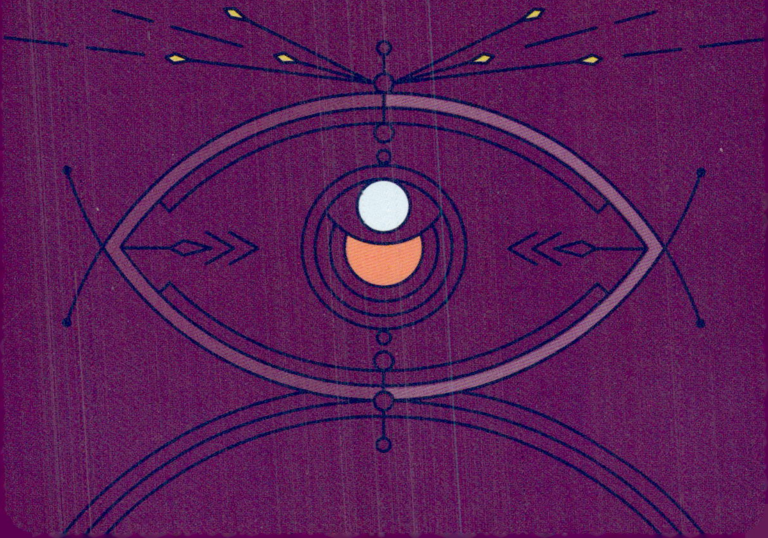

J'envoie une énergie nouvelle
à travers les liens invisibles
qui nous relient tous.

Lorsque vous vous consacrez
à l'approfondissement de votre conscience,
vos relations avec autrui s'améliorent.

J'imagine cinq choses que je pourrais faire et auxquelles personne ne s'attendrait. Puis je passe à l'acte sur au moins une chose.

Vous êtes destiné
à être créatif.

Je suis tout ce dont j'ai besoin.

L'âme ne juge pas vos désirs.
Elle agit en fonction de vous
et de votre situation actuelle.

Se fier à un moi enraciné dans l'ego serait pure folie. Mais, quand vous savez qui vous êtes vraiment, vous pouvez avoir confiance en vous et en votre âme.

Je suis détendu et je laisse
la conscience me porter.

Toute l'existence de l'âme dépend de la certitude qu'elle se suffit à elle-même. Puisqu'elle est complète, rien ne peut exister en dehors d'elle.

Je suis à la hauteur.
Je suis destiné à réussir.

Je désire... [Exprimez votre intention].

Il n'est pas suffisant d'aspirer
à vivre autre chose dans la vie.
Votre désir doit être spécifique ;
il doit vous donner un point
de départ et un point d'arrivée.

Ayez des attentes au sujet de la vie que vous souhaitez, mais entraînez-vous à vous détacher du résultat.

Je suis ouvert et j'accueille tout ce qui arrive dans ma vie.

L'Univers chérit mon existence.

*Du point de vue de l'âme,
vous êtes toujours en sécurité.
La nature est faite pour préserver
votre bien-être.*

J'adopte une attitude créative
à l'égard de mon évolution intérieure.
L'Univers a conscience de mes besoins
et j'attends sereinement sa réponse.

Sur un champ de bataille,
on n'abandonne qu'une seule fois,
à la toute fin. Mais sur le chemin spirituel,
l'abandon de soi se produit
continuellement.